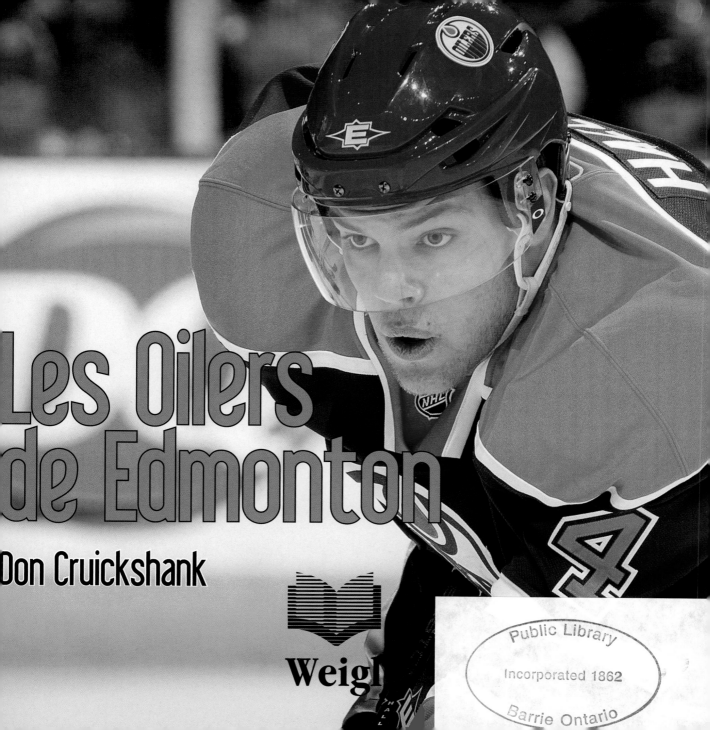

Les Oilers
de Edmonton

Don Cruickshank

La maison d'édition Weigl tient à remercier la famille Hoffart pour avoir inspiré cette série de livres.

Publié par Weigl Educational Publishers Limited
6325 10th Street S.E.
Calgary, Alberta T2H 2Z9
Site web : www.weigl.ca

Bibliothèque et Archives Canada - Catalogage dans les publications
Cruickshank, Don, 1977-
            Les Oilers de Edmonton / Don Cruickshank.
(Le hockey au Canada)
Comprend l'index.
ISBN 978-1-77071-423-6 (relié).
            1. Les Oilers de Edmonton (équipe de hockey)--Littérature pour adolescents.
I. Titre. II. Série : Cruickshank, Don, 1977- . Le hockey au Canada.
GV848.E35C775 2011   j796.962'6409712334   C2011-900789-4

Imprimé aux États-Unis d'Amérique à North Mankato, Minnesota
1 2 3 4 5 6 7 8 9 0   15 14 13 12 11

072011
WEP040711

Coordonnateur de projet : Aaron Carr
Directeur artistique : Terry Paulhus
Traduction : Tanjah Karvonen

Weigl reconnaît que les Images Getty est son principal fournisseur de photos pour ce titre.

Tous les efforts raisonnablement possibles ont été mis en œuvre pour déterminer la propriété du matériel protégé par les droits d'auteur et obtenir l'autorisation de le reproduire. N'hésitez pas à faire part à l'équipe de rédaction de toute erreur ou omission, ce qui permettra de corriger les futures éditions.

Dans notre travail d'édition, nous recevons le soutien financier du gouvernement du Canada par l'entremise du Fonds du livre du Canada.

TABLE DES MATIÈRES

4

L'histoire des Oilers

Les Oilers de Edmonton ont commencé comme équipe de hockey professionnel dans l'Association mondiale de hockey en 1972. Cette ligue **a disparu** en 1979. Cette année-là, les Oilers étaient une des quatre équipes de l'Association mondiale du hockey à se joindre à **la Ligue nationale de hockey (LNH)**.

Pendant les années 1980, les Oilers ont remporté cinq **Coupes Stanley** en sept saisons. Ce grand succès a valu à Edmonton le surnom de « La ville des champions ».

Les Oilers de Edmonton ont remporté leur première Coupe Stanley en 1984. Ils ont remporté la Coupe cinq fois au total.

L'aréna des Oilers

Le premier **aréna** des Oilers était nommé les *Edmonton Gardens*. C'était construit en 1913 et était le premier aréna intérieur de Edmonton. Les Gardens était un petit aréna avec **une capacité** de 5 200 spectateurs seulement. Après deux saisons, les Oilers ont déménagé au *Northlands Coliseum*.

Le nouvel aréna pouvait loger 17 000 spectateurs pendant les matchs des Oilers. Ceci est le bâtiment où ils jouent de nos jours. Il est maintenant nommé la Place Rexall.

Il y a **23** banderoles de championnats qui sont suspendues au plafond de la **Place Rexall**.

Les chandails

 Le chandail à domicile est bleu avec un bordure blanche et orange. C'est le mê chandail que portait l'équipe dans sa pr saison avec la LNH.

 Le chandail de visite est blanc. **Le logo** même que sur le chandail à domicile sa une bordure couleur cuivre à la place de

 Le troisième chandail est pareil au ch visite sauf que la couleur principale es foncé à la place du blanc.

Le troisième chandail porté de 2001 à 2007 était créé le dessinateur de bandes dessinées, **Tom McFarlane**.

Le masque des gardiens de but

 Grant Fuhr était le gardien de but des Oilers pendant les années 1980. Son masque était peint avec les couleurs de l'équipe de Edmonton.

 Bill Ranford a aidé les Oilers a remporté la Coupe Stanley en 1990. Son masque était peint avec des gouttes d'huile bleues et orange.

 Dwayne Roloson et les Oilers ont disputé la Coupe Stanley en 2006. 'Roli,' son surnom, était peint sur le menton de son masque.

Devan Dubnyk a l'image d'un match de hockey sur un étang peinte sur son masque.

Les entraîneurs

Glen Sather était le premier entraîn[eur] Oilers dans la LNH. Il était leur entr[aîneur] pendant 11 saisons et a gagné 426 [...]

John Muckler était l'entraîneur prin[cipal] Oilers pendant deux ans. Il a aidé le[s Oilers] a remporté la Coupe Stanley en 19[...]

Craig MacTavish a joué neuf saison[s] avec les Oilers. Plus tard, il a joué [le rôle] d'entraîneur de 2000 jusqu'en 200[9]

Tom Renney est devenu le dixième entraî[neur] dans l'histoire des Oilers en 2010.

L'équipe de danse

Les Oilers sont parmi les quatre équipes d[e] la LNH à ne pas avoir de **mascotte**. Edmo[nton] a une équipe de danse. Cette équipe de da[nse a] commencer vers le début de la saison 201[1]. Elle est nommée les *Oilers Octane*.

Les *Oilers Octane* mènent les cris penda[nt] les parties à domicile. Elles assistent aus[si] à plusieurs événements communautaires

Les Oilers sont la première équipe de[...] LNH à avoir une équipe de danse.

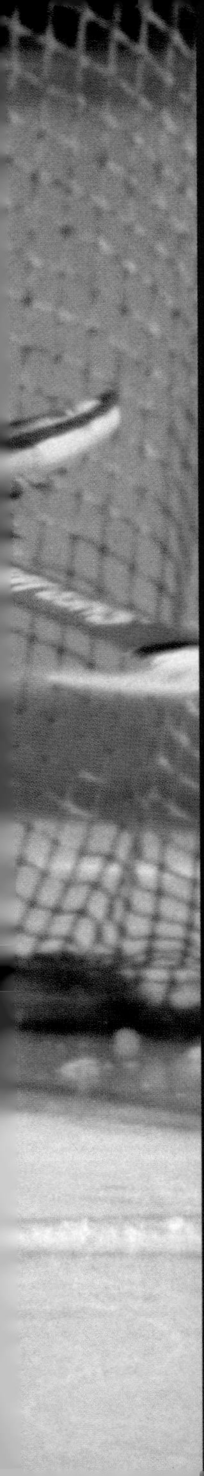

Les records
des Oilers

Les Oilers qui mènent dans les records

Le plus de buts
Wayne Gretzky
583 buts

Le plus de matchs joués
Kevin Lowe
1 037 matchs joués

Le plus de minutes de pénalité
Kelly Buchberger
1 747 minutes de pénalité

Le plus de passes décisives
Wayne Gretzky
1 086 passes décisives

Le plus de points
Wayne Gretzky
1 669 points

Le plus de matchs gagnés par un gardien de but
Grant Fuhr
226 matchs gagnés

Les Oilers légendaires

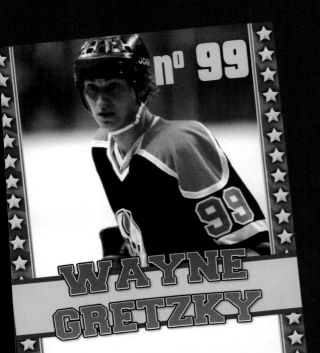

Nº 99

WAYNE GRETZKY

Position : centre
Saisons avec les Oilers : neuf
Né : le 26 janvier, 1961
Ville natale : Brantford, Ontario

DÉTAILS DE CARRIÈRE

Wayne Gretzky était le capitaine des Oilers lorsqu'ils ont remporté la Coupe Stanley en 1984, 1985, 1987 et 1988. Le surnom de Gretzky est 'The Great One.' Il a mené la ligue pour le nombre de points 10 fois et a été nommé **le joueur le plus utile** de la LNH neuf fois. En 1 487 matchs avec la LNH, il a marqué 894 buts avec 1 963 passes décisives pour un total de 2 857 points. Ce sont tous des records de la LNH. Gretzky a pris sa retraite en 1999 et est entré dans **le Temple de la renommée du hockey**.

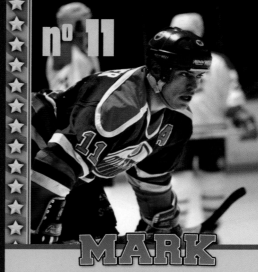

Nº 11

MARK MESSIER

Position : centre
Saisons avec les Oilers : 12
Né : le 18 janvier, 1961
Ville natale : Edmonton, Alberta

DÉTAILS DE CARRIÈRE

Mark Messier était capitaine des Oilers en 1990 lorsqu'ils ont remporté la Coupe Stanley. Il a remporté le trophée Conn Smythe en tant que joueur le plus utile des séries éliminatoires en 1984. Messier a également remporté le trophée Hart en tant que joueur le plus utile de la saison régulière de la LNH en 1990 et 1992. Pendant 1 756 matchs avec la LNH, Messier a marqué 694 buts avec 1 193 passes décisives pour un total de 1887 points. Ceci le place au deuxième rang pour les tireurs de tout temps.

19

Les vedettes des Oilers

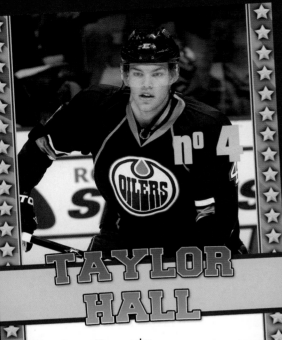

TAYLOR HALL

Position : ailier gauche
Saisons avec les Oilers : une
Né : le 14 novembre, 1991
Ville natale : Calgary, Alberta

DÉTAILS DE CARRIÈRE

Taylor Hall était le premier choisi dans **le repêchage universel de la LNH** en 2010. Il a commencé à jouer pour les Oilers quand il avait seulement 18 ans. Dans sa saison de **nouvelle recrue**, Hall a marqué 22 buts avec 20 passes décisives dans 65 matchs. Hall menait les Oilers dans le nombre de buts lorsqu'il a tordu sa cheville et a dû manquer le reste de la saison. Il a manqué les 17 derniers matchs de la saison mais a tout de même fini l'année parmi les 10 meilleurs tireurs nouvelles recrues de la ligue.

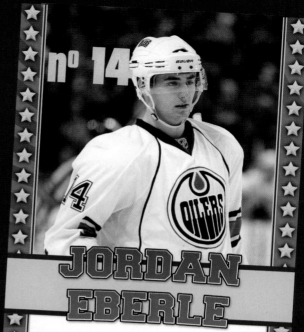

JORDAN EBERLE

Position : ailier droit
Saisons avec les Oilers : une
Né : le 15 mai, 1990
Ville natale : Regina, Saskatchewan

DÉTAILS DE CARRIÈRE

Eberle détient le record pour le plus grand nombre de buts de tout temps pour Équipe Canada au Championnat mondial de hockey junior avec 14 buts. Il était choisi au premier tour dans le repêchage des Oilers en 2008. Dans sa première saison avec la LNH en 2010–2011, Eberle est devenu un des meilleurs joueurs de Edmonton. Dans sa première saison avec les Oilers, Eberle a compté 18 buts avec 25 passes décisives. Ses 43 points le mettaient en sixième place avec les nouvelles recrues de la LNH.

Les moments inoubliables

1980

Dans leur première saison, les Oilers arrivent aux séries éliminatoires. Cette année-là, Wayne Gretzky devient le plus jeune joueur dans l'histoire de la LNH à marquer 100 points dans une seule saison.

1984

Les Oilers finissent la saison au premier rang de la ligue avec 119 points. Ceci est la première de deux fois que les Oilers finissent la saison régulière en tant que meilleure équipe de la LNH. Les Oilers remportent leur première Coupe Stanley cette année-là. C'est la première fois qu'une équipe de l'ouest du Canada remporte la Coupe depuis les Cougars de Victoria en 1925.

1988

Gretzky est échangé aux Kings de Los Angeles. Plus tard, il finit sa carrière en tant que membre des Rangers de New York en 1999.

2003

Les Oilers et les Canadiens de Montréal disputent le premier match joué à l'extérieur dans l'histoire de la LNH. C'est nommé le *Heritage Classic*. Environ 57 000 spectateurs regardent le match pendant que la température chute à −30 °C. Les Oilers perdent 4 à 3.

2006

Les Oilers arrivent au championnat de la Coupe Stanley pour la première fois depuis 1990. Ils finissent par perdre la série contre les Hurricanes de la Caroline en sept matchs.

Les devinettes

Teste tes connaissances des Oilers de Edmonton en trouvant la solution à ces devinettes.

1. Combien de fois les Oilers de Edmonton ont-ils remporté la Coupe Stanley ?

2. C'est quoi le nom de l'équipe de danse des Oilers ?

3. Contre quelle équipe les Oilers ont-ils joué dans le premier match de la LNH joué à l'extérieur ?

4. Quel est le nom de l'aréna des Oilers ?

5. Quel joueur des Oilers a marqué le plus de buts ?

RÉPONSES : 1. cinq   2. Les Oilers Octane   3. les Canadiens de Montréal   4. la Place Rexall   5. Wayne Gretzky

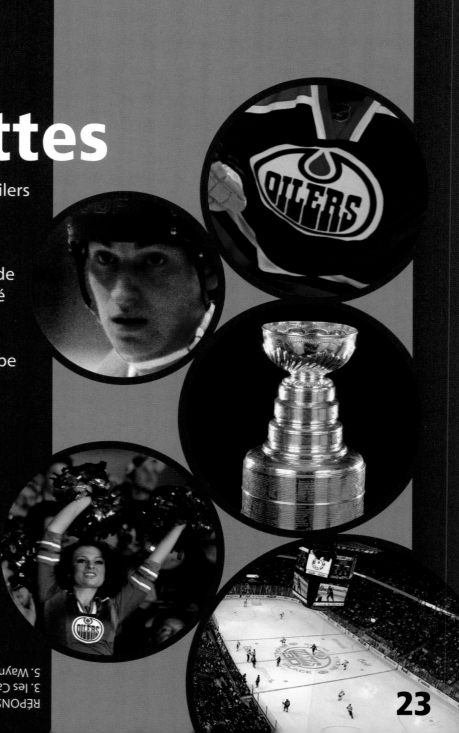

Glossaire

aréna : un centre sportif avec une patinoire où les équipes de hockey jouent leurs matchs

capacité : le nombre maximum de personnes qui peuvent entrer dans un stade ou un aréna

Coupe Stanley : le prix de la Ligue nationale de hockey pour l'équipe qui a le mieux joué dans la série éliminatoire

(a) disparu : a cessé d'opérer / d'exister

joueur le plus utile : le joueur qui a le plus contribué au succès de son équipe

Ligue nationale de hockey (LNH) : une organisation des équipes de hockey professionnelles

logo : un symbole qui représente une équipe

mascotte : un animal ou autre objet qui apporte de la chance à une équipe

nouvelle recrue / joueur professionnel depuis moins d'un an : un joueur ou une joueuse dans sa première saison professionnelle

repêchage (universel) de la LNH : la sélection de joueurs de hockey junior pour joindre les équipes de la LNH

Temple de la renommée du hockey : un musée où on reconnaît la contribution au jeu de hockey des grandes vedettes du passé et d'autres personnes impliquées dans ce sport

24

Index